DESENVOLVA SUA VERDADEIRA VOCAÇÃO

Marcus Buckingham

DESENVOLVA SUA VERDADEIRA VOCAÇÃO

SEXTANTE

Título original: *The Truth about You*

tradução
Flávia O'Shea

preparo de originais
Shahira Mahmud

revisão
Ana Lúcia Machado, Hermínia Totti e Milena Vargas

adaptação de projeto gráfico e diagramação
DTPhoenix Editorial

capa
Miriam Lerner

imagem de capa
© Alex Slobodkin / iStockphoto

impressão e acabamento
Geográfica e Editora Ltda.

CIP-BRASIL. CATALOGAÇÃO NA PUBLICAÇÃO
SINDICATO NACIONAL DOS EDITORES DE LIVROS, RJ

B936d Buckingham, Marcus
Desenvolva sua verdadeira vocação / Marcus Buckingham [tradução de Flávia O'Shea]; Rio de Janeiro: Sextante, 2013.
112 p.; 14 x 21 cm

Tradução de: The truth about you
ISBN 978-85-7542-945-7

1. Motivação no trabalho. 2. Desempenho – Aspectos psicológicos. 3. Profissões – Desenvolvimento. 4. Sucesso. I. Título.

CDD: 650.1
13-00843 CDU: 65.011.4

GMT Editores Ltda.
Rua Voluntários da Pátria, 45 – Gr. 1.404 – Botafogo
22270-000 – Rio de Janeiro – RJ
Tel.: (21) 2538-4100 – Fax: (21) 2286-9244
E-mail: atendimento@esextante.com.br
www.sextante.com.br

Sumário

Comece com determinação

No início da minha carreira, eu não sabia muita coisa. Não tinha ideia do que ia fazer da vida. Não sabia que tipo de trabalho realmente queria para mim. Nem como pagaria minhas contas.

Eu tinha uma única certeza: eu era diferente dos meus irmãos.

Observando meu irmão mais velho e minha irmã caçula, eu sabia que nunca conseguiria ser como eles. Jamais seria tão bom em matemática e ciências como meu irmão. Nem teria a disciplina física e a determinação que fizeram com que minha irmã se tornasse uma bailarina.

No entanto eu sabia que tinha meus pontos fortes e, mesmo estando confuso sobre muitas coisas, sempre senti que a vida esperaria por mim até o dia em que eu saísse da escola para deixar no mundo a minha marca.

Aposto que você se sente assim. Na escola, você sabia quais eram suas matérias preferidas e quais aulas despertavam seu interesse e faziam o tempo passar depressa. Ainda que não gostasse de ir à escola, você se sentia atraído por certos momentos ou situações em que se sobressaía. Talvez não visse isso como seus "pontos fortes", mas desde criança sabia que tinha *algo* especial a oferecer.

E agora, mesmo não sabendo exatamente o que quer fazer da vida, você tem fé. Acredita em si mesmo, deseja o sucesso e tem esperança de conseguir realizar seus sonhos por meio do trabalho.

Sem dúvida, o trabalho pode fazer você atingir seus objetivos. Durante os últimos 20 anos, entrevistei milhares de pessoas bem-sucedidas, e todas elas compartilham a visão de que sua atividade profissional diária pode levá-lo a um lugar extraordinário. Um lugar onde você é desafiado da forma como gostaria, onde as pessoas o reconhecem pelo que você faz bem e o incentivam a se tornar cada vez melhor. Um lugar em que você tem a chance de se destacar e, por fim, sentir a emoção do sucesso.

Mas há um dado curioso. Menos de *dois* em cada *dez* profissionais conseguem pôr em prática, sistematicamente, seus pontos fortes no trabalho. A maioria das pessoas bem-sucedidas consegue, mas, volto a dizer, apenas duas em cada dez experimentam essa sensação do sucesso.

Nas centenas de palestras que faço todo ano, explico aos ouvintes como identificar seus pontos fortes e colocá-los em prática. Eles escutam o que eu digo, sabem que é verdade, mas muitos sentem que já foram longe demais para retroceder e mudar alguma coisa. Ficam preocupados com a carreira que já construíram, com as contas que aumentam a cada mês, com a família que cresce, com o aluguel ou a prestação da casa própria e com a possibilidade de uma promoção no emprego atual. A vida os empurrou para um caminho estreito e agora parece não haver mais liberdade de escolha.

Você vai sentir isso também. O dia a dia se torna um fardo muito depressa – e quanto mais você espera, mais pesado fica. Quando se dá conta, está sendo pressionado a viver uma versão de segunda categoria da sua própria vida. Com as melhores intenções – progredir, proporcionar conforto à família, pagar suas dívidas – você mergulha num emprego, trabalha duro e é promovido. Até que um dia acorda e percebe que seu trabalho não lhe dá prazer nem entusiasmo, não traz realização pessoal nem desperta o que você tem de melhor. Nesse trabalho você está apenas marcando passo, desgastando-se, cumprindo metas e horários até o fim de semana chegar e depois encarar mais uma semana igual a todas as outras. Talvez você seja bem--remunerado ou acredite que esse emprego poderá "levar a algo melhor". Mas de uma forma ou de outra, neste momento, ele o faz se sentir aprisionado.

Quando isso acontece, você pode querer culpar alguém: sua família, seus professores, sua empresa ou seu chefe. Mas eles não são culpados. A responsabilidade está nas suas mãos, naquilo que decide fazer todos os dias.

Chegou a hora de refletir a respeito de suas escolhas.

Pergunte a si mesmo:

> Como posso começar com determinação?
>
> Como posso fazer parte dos 20% de pessoas que conseguem pôr em prática seus pontos fortes e se realizar?
>
> Como posso redirecionar minha vida para ser bem-sucedido?
>
> O que eu preciso saber e *fazer* antes que seja tarde demais?

As respostas para essas perguntas estão dentro de você.

Antes de nos aprofundarmos nessas questões, quero dar como exemplo a história do jovem Ewan, que é um caso típico. Ele possui uma habilidade especial: tocar trombone. As pessoas à sua volta estão sempre lhe dizendo para continuar nesse caminho já garantido, mas ele resiste, pois sente que seus pontos fortes são outros, que o conduzem a uma direção diferente. O que Ewan deve fazer? Persistir em seus pontos fortes ou fazer aquilo que os outros esperam dele?

Talvez isso já tenha acontecido com você, ou ainda vá acontecer. Tem sempre alguém querendo lhe dizer o que fazer. Seus pais e seus professores notam algumas habilidades suas e então opinam a respeito do que você deve fazer com a sua vida. Seu chefe observa seu bom desempenho numa área do trabalho e sugere que continue nela. Logo ele passa a contar com você para essa função e, agindo com responsabilidade, você acha que precisa fazer o que ele lhe pede. Então ele acena com uma promoção e você aceita porque, afinal de contas, ele o tem apoiado bastante e a mudança implica mais dinheiro e um cargo melhor.

De fato, o tempo todo ouvimos os outros nos dizerem o que fazer e que caminho seguir. E vale a pena acatar algumas dessas sugestões. Mas o que acontece quando as obrigações que você passa a assumir contradizem aquela pequena e sábia voz interior que o instiga a fazer outra coisa? O que acontece quando o mundo, mesmo bem-intencionado, se equivoca a seu respeito? O que acontece quando você se sente empurrado numa direção que o deixa mais distante de seus sonhos? O que você deve fazer então?

O objetivo deste livro é ensiná-lo a identificar seus pontos fortes e direcionar suas atitudes de modo a fortalecê-los ainda mais. Você vai aprender a distingui-los dos seus pontos fracos, a escolher as funções adequadas a seus verdadeiros talentos e a conduzir seu trabalho de modo a demonstrar o que há de melhor em você.

Este livro não é apenas para ser lido. Você vai encontrar várias tarefas específicas a serem realizadas. Elas não exigirão muito do seu tempo, mas vão lhe ensinar o que precisa saber *sobre si mesmo*. Se você pretende levar tudo isso a sério – identificar seus pontos fortes, escolher as funções certas e ter sucesso com elas, desenvolvendo sua verdadeira vocação –, então realize as tarefas.

Afinal de contas, você quer o sucesso. Quer escolher a carreira certa e tomar as atitudes adequadas que lhe garantam prosperidade. Quer reunir todos os seus desejos – de fazer a diferença, se destacar, trabalhar com motivação – e transformá-los em estratégias que possam torná-los realidade. Quer ser visto como é de verdade, quer ser amado e dar o que tem de melhor para as pessoas à sua volta. Você quer tudo isso.

Então leia o livro e realize as tarefas. Quando terminar, você saberá mais sobre si mesmo e conhecerá sua verdadeira vocação – aprenderá a persistir nos seus pontos fortes e fazê-los trabalhar a seu favor. Você vai descobrir seu próprio segredo para o sucesso.

Primeiras reflexões

Ewan era o principal trombonista da banda da escola, mas sentia que seus pontos fortes o conduziam a outra direção. O que ele queria mesmo era tocar instrumentos de percussão. Apesar de seu professor de música tê-lo aconselhado a continuar com o trombone, Ewan decidiu priorizar seus pontos fortes. Mas agiu com responsabilidade. Em vez de deixar a banda de uma hora para outra, ele procurou, e encontrou, quem pudesse substituí-lo. Seu professor ficou muito satisfeito com essa iniciativa.

O jovem Ewan foi capaz de identificar de que maneira seus pontos fortes seriam mais bem aproveitados, e correu atrás da mudança, com coragem e persistência, mas sem deixar ninguém na mão.

O que você achou dessa história? E da atitude de Ewan? Seria capaz de fazer o mesmo se estivesse em seu lugar? Como você reagiria?

AS TRÊS VERDADES FUNDAMENTAIS

Muitas vezes somos levados a acreditar em mitos que nos distanciam de nossos sonhos e nos impedem de tomar uma atitude e mudar. Para evitar que você se perca no caminho, agarre-se a três verdades que constituem a base do seu sucesso na vida. Reflita sobre cada uma, guarde-as com você e nunca se esqueça delas.

Verdade nº 1

À medida que você cresce, torna-se cada vez mais quem você já é.

Durante sua vida, seus sonhos podem mudar, bem como seus valores e suas habilidades. Mas a essência de sua personalidade – se você é paciente, competitivo, organizado ou bem-humorado – será sempre a mesma.

Verdade nº 2

Você vai se desenvolver mais nas áreas em que usa seus pontos fortes.

Pode parecer estranho, mas você vai progredir mais, aprender mais, ser mais criativo, questionador e firme nas áreas em que já demonstrou vantagens inatas em relação às outras pessoas – seus pontos fortes. Isso não quer dizer que deva ignorar seus pontos fracos. Quer dizer apenas que você vai evoluir mais naquilo em que já é forte.

Verdade nº 3

Um bom companheiro de equipe quase sempre compartilha seus pontos fortes com o grupo e tende a se aliar a pessoas que têm pontos fortes diferentes dos dele.

É claro que, de vez em quando, você vai precisar sair da área na qual é forte e fazer o que for preciso para ajudar o grupo. Mas essa não é a essência do trabalho em equipe. A melhor iniciativa é se juntar a pessoas cujos pontos fortes diferem dos seus.

Os melhores conselhos que alguém pode lhe dar

OS MELHORES CONSELHOS QUE ALGUÉM PODE LHE DAR

Posso dizer que tive sorte na minha carreira. Depois de me formar em Cambridge, fui para os Estados Unidos trabalhar na área de psicologia. Foi uma decisão arriscada. Deixei minha casa em Londres e me mudei para Lincoln, no Nebraska, onde não tinha amigos, nem família, nem muito dinheiro. Mas deu certo. Ingressei numa empresa excelente, a Gallup, e tive a chance de aprender com um dos grandes nomes da minha área, o falecido Dr. Donald Clifton. A abordagem dele era aproximar ao máximo o processo decisório da execução em si; portanto, desde o início precisei realizar tarefas de grande responsabilidade. Pediam-me que conduzisse seminários, escrevesse relatórios para nossos clientes mais importantes e tomasse decisões sobre como deveríamos usar nosso tempo e nosso dinheiro. Era um trabalho empolgante para um jovem recém-graduado.

Dei tudo de mim, conheci pessoas que me apoiaram muito e, com o passar do tempo, fui desafiado a desenvolver intensamente meus pontos fortes. Meus seminários alcançaram milhares de pessoas. Meus relatórios viraram livros que já venderam mais de três milhões de exemplares e foram traduzidos para 27 idiomas. Discursei ao lado de presidentes, generais, CEOs, e fui até convocado a integrar o comitê do ex-secretário de Estado Colin Powell na área de liderança e gestão. Tem sido uma jornada e tanto.

Olhando para trás, porém, percebo quantos erros cometi ao longo da minha trajetória. Fui treinado nas três verdades fundamentais e as sabia de cor, mas mesmo assim acabei fazendo algumas coisas bem tolas. Houve momentos em que perdi o rumo, em que prestei mais atenção no que o mundo achava que eu devia fazer do que no clamor dos meus pontos fortes. E durante alguns períodos na minha carreira eu me vi executando tarefas de que era capaz, mas que me retardavam e me esgotavam.

Quem dera alguém tivesse me dado conselhos mais realistas a respeito de carreira. Quem dera alguém houvesse me chamado para conversar e dito, com clareza e simplicidade, como o mundo funciona e como eu poderia assumir o controle da minha vida. É claro que ainda assim eu teria cometido alguns erros – todos nós cometemos, mas podemos aprender com isso. De qualquer forma, gostaria que alguém tivesse me mostrado como continuar no caminho dos meus pontos fortes, para poder lutar quando as imposicões da vida tentassem me desviar.

Veja a seguir os cinco conselhos que eu gostaria de ter recebido.

Os melhores conselhos que alguém pode lhe dar

1. **Desempenho é a palavra-chave**
   Não espere que sua empresa o conheça tão bem quanto você se conhece.

2. **Seus pontos fortes não dependem das suas habilidades, assim como seus pontos fracos não dependem das suas limitações**
   Procure descobrir quais são seus verdadeiros pontos fortes.

3. **Quando se trata do seu trabalho, "O quê" triunfa diante do "Por quê" e do "Quem"**
   Sempre pergunte: "Vou ser pago para fazer o quê?"

4. **Você nunca vai encontrar o emprego perfeito**
   Toda semana, pelo resto de sua vida, faça seu Plano de Força.

5. **Você nunca vai transformar seus pontos fracos em pontos fortes**
   Reconheça seus pontos fracos e neutralize-os.

CAPÍTULO 1

Desempenho é a palavra-chave

NÃO ESPERE QUE SUA EMPRESA O CONHEÇA TÃO BEM QUANTO VOCÊ SE CONHECE.

DESEMPENHO É A PALAVRA-CHAVE

Esta é uma verdade que você precisa aceitar.

As empresas vão contratá-lo dizendo: "Nosso pessoal é nosso maior patrimônio." Vão lhe dizer que estão à procura apenas das pessoas mais capazes e mais inteligentes, que você pode ser uma delas e, caso aceite se unir a eles, terá a oportunidade de aprender, crescer, construir uma excelente carreira, ser promovido e, é claro, ser bem-remunerado. Quando lhe dizem isso, não é mentira. É autêntico.

Mas sua empresa não se importa primeiramente com você e seus pontos fortes. Na melhor das hipóteses, seu chefe direto se importará. A empresa tem outras prioridades, e a principal delas é o desempenho. Ela está interessada na eficiência do trabalho, na satisfação dos consumidores, no cumprimento de suas metas e na geração de lucro.

Não há nada de errado nisso. É assim que deve ser. As empresas são criadas com uma finalidade específica. Esse objetivo pode ser financeiro – "Nossa missão é proporcionar excelente rendimento aos nossos acionistas". Ou pode ser beneficente – "Nossa missão é desenvolver um sistema de filtragem de água para comunidades carentes". Ou ainda a soma dos dois – "Nossa missão é vender sistemas de filtragem de água por um valor um pouco acima do custo de fabricação, gerando assim lucro aos nossos acionistas".

Qualquer que seja o caso, desempenho é a palavra-chave da organização.

Você e seus pontos fortes *não* são a principal preocupação dos proprietários ou acionistas. A empresa em que você trabalha *não* foi criada para ajudá-lo a identificar seus pontos fortes e exibi-los ao resto do mundo. É claro que eles podem ser úteis aos fins da empresa, mas nunca se esqueça de que você é apenas um meio para que ela alcance o melhor desempenho.

NÃO ESPERE QUE SUA EMPRESA O CONHEÇA TÃO BEM QUANTO VOCÊ SE CONHECE

Isso significa que a organização para a qual você trabalha nunca vai conhecê-lo de verdade. Ela vai saber o que você faz, vai medir o seu desempenho, vai lhe dar um cargo e talvez até um plano de carreira. Mas nunca irá compreender de fato quais são seus pontos fortes, seus pontos fracos, o que o estimula, de que forma você aprende mais ou em quais situações dá o melhor de si. Portanto, as chances de você ser designado para uma função adequada ou para uma que nada tem a ver com suas aptidões, mas que simplesmente precisa ser preenchida, são iguais. A empresa está preocupada com o desempenho – há um cargo vago – e então vai acabar encaixando você nos planos dela.

As organizações têm suas razões para agir assim. Mas esse não deixa de ser o motivo pelo qual muitas pessoas acabam numa função que as torna medíocres, infelizes ou as duas coisas.

A melhor forma de evitar que isso aconteça com você é se levar a sério desde o começo. Já que a empresa nunca vai conhecê-lo de verdade, cabe a você conhecer a si mesmo para continuar no caminho dos seus pontos fortes. É sua responsabilidade descobrir como usá-los para gerar o desempenho esperado. Dessa forma, todo mundo sai ganhando.

COMECE LEVANDO SEUS INTERESSES A SÉRIO

Você cresceu acreditando que os outros o conhecem melhor do que você mesmo. Na escola, recebeu notas que indicavam seus pontos fortes e fracos. Em algum momento fez testes vocacionais para determinar qual carreira deveria seguir. Pais, professores, orientadores vocacionais, chefes – todos deram sua opinião sobre o que você deveria fazer com a sua vida.

Ao longo do caminho você conhecerá pessoas maravilhosas que vão servir de inspiração, oferecer oportunidades ou ensinar coisas a respeito do mundo e de você mesmo. Mas lembre-se sempre de que a melhor pessoa que pode dizer o que quer que seja sobre seus pontos fortes é você.

No decorrer da sua carreira, você descobrirá como isso funciona. Em algum momento, vai acabar cedendo e aceitando uma função mais bem-remunerada ou um cargo mais alto que lhe exigirá habilidades que você não possui. Ou então vai trabalhar para um chefe que simplesmente não é capaz de entendê-lo. E a cada experiência nova, a cada passo ou deslize, perceberá que deveria ter escutado sua voz interior desde o início. Com a experiência, você vai saber cada vez mais sobre seus pontos fortes.

Mas não dependa do acúmulo de experiência. Procure saber agora. A melhor forma de fazer isso é descobrindo os seus *interesses*. Eles são um bom indício dos seus pontos fortes. Seus interesses não são aleatórios, você não se sente atraído por uma coisa hoje e por outra amanhã. É claro que eles mudam e se desenvolvem à medida que você amadurece, mas são parte de um padrão dentro de você: o primeiro sinal de uma força interior que precisa ser compreendida e manifestada.

Talvez seus interesses não demonstrem claramente qual profissão você deve abraçar. (Mas às vezes isso acontece: minha irmã sabia dançar antes mesmo de conseguir caminhar; Matt Damon e Ben Affleck discutiam roteiros de filmes no refeitório da escola; Sean "P. Diddy" Combs promoveu seu próprio show aos 17 anos.) De qualquer forma, vale a pena prestar atenção nesses indícios. Dizem que a sabedoria consiste em ser capaz de escolher o que negligenciar. Nesse sentido, seus interesses são sábios. Eles fazem você negligenciar uma variedade de coisas e voltar seu foco para algo específico.

Você quer saber quais são os seus interesses? Reflita sobre como sua vida tem sido até agora e responda às perguntas a seguir. Comece com o que você já fez:

- Você já teve um emprego?
- Aceitou o trabalho pela remuneração ou ele despertou algo em você?
- Havia algum aspecto do emprego que o deixava, de fato, interessado?
- Havia algum aspecto que você pode, honestamente, dizer que adorava?

Pense a respeito por um minuto e responda aqui:

Agora vamos falar sobre seus hobbies. Responda o seguinte:

- Você já teve algum hobby ou interesse em especial?
- Já fez parte de algum clube ou grupo (algo que não fosse apenas para constar no seu currículo) e se surpreendeu quando começou a aguardar ansiosamente pelos encontros semanais?
- Qual era esse clube/grupo?

Agora vamos falar sobre o que você gosta de ler.

- Quais foram os dois últimos livros que você leu?
- Quando vai ao jornaleiro, quais revistas costuma comprar?

- Dessas revistas, que artigos ou assuntos despertam mais o seu interesse?
- Quando você navega na internet, quais páginas o atraem?
- Que artigos você costuma ler on-line?

____

____

____

____

____

Por fim, relacione mentalmente as pessoas que fazem parte da sua vida. Pense nos seus amigos e colegas e responda:

- Com que tipo de pessoa você se sente mais à vontade? Com quais costuma ter mais afinidade?
- Que palavras usaria para descrever essas pessoas?

____

____

____

____

____

Depois de responder a todas essas perguntas por escrito, pare para ler o que você escreveu. Observe suas respostas e tente identificar interesses, atividades que sempre o atraem. Pode não ser fácil, porque provavelmente você foi abrangente, mas tente ser seletivo agora. Escolha três coisas, ou três assuntos, ou três tipos de pessoa que você sabe que representam seus interesses. E então deixe isso registrado por escrito. Assim:

Meus interesses:

1 ______________________________

2 ______________________________

3 ______________________________

É óbvio que não sei o que escreveu, mas com certeza ninguém relatou exatamente o mesmo que você. Seus interesses constituem o primeiro e mais óbvio sinal de que você não é como todo mundo. Então, para ter uma vida dinâmica e bem-sucedida, é preciso, em primeiro lugar, levá-los a sério.

Muitas pessoas ignoram isso. Elas rapidamente descartam seus interesses e fazem algumas concessões, do tipo: "Eu gostaria de lecionar, mas quero ganhar muito dinheiro antes; então vou entrar no mercado financeiro, trabalhar arduamente por 10 anos e depois abandonar tudo e começar a dar aulas." Ou: "Eu me interesso muito por arte, mas não vou conseguir viver disso; então vou trabalhar num emprego de verdade e fazer minha arte à noite e nos fins de semana."

Em quase todos os casos essas concessões são ruins, pois o forçam a fazer algo que é quase impossível: pôr de lado sua verdadeira personalidade e depois tentar trazê-la de volta à vida em algum momento futuro.

O problema é que, enquanto você espera esse momento futuro, tem que passar hora após hora, durante anos, fazendo coisas que não lhe interessam. E isso acaba custando caro. Mesmo que você se saia bem nessa função, com o tempo vai perdendo a motivação e a autoconfiança. Quando você não está engajado no trabalho, torna-se menos interessante, menos cativante, menos divertido e menos entusiasmado, e as pessoas começam a se afastar. Aos poucos, você perde a noção de quem é e do que é capaz de fazer. Então, quando aquele "futuro" finalmente chega, você não é mais a mesma pessoa, porque se perdeu no caminho.

Não deixe que isso aconteça. Não faça concessões. Examine detalhadamente seus interesses e leve-os a sério. Comece agora mesmo a direcionar sua vida para as coisas de que mais gosta.

CAPÍTULO 2

Seus pontos fortes não dependem das suas habilidades, assim como seus pontos fracos não dependem das suas limitações

PROCURE DESCOBRIR QUAIS SÃO SEUS VERDADEIROS PONTOS FORTES.

SEUS PONTOS FORTES NÃO DEPENDEM DAS SUAS HABILIDADES, ASSIM COMO SEUS PONTOS FRACOS NÃO DEPENDEM DAS SUAS LIMITAÇÕES

Conhecer seus interesses é um bom começo, mas é lógico que seus pontos fortes abrangem mais do que isso. Para direcionar sua vida para seus pontos fortes, é preciso saber exatamente quais são eles. A maioria das pessoas tem dificuldade com isso. Em entrevistas de emprego, quando se pergunta "Quais são os seus pontos fortes?", as respostas costumam ser vagas, com afirmações como "Eu gosto de trabalhar com pessoas" ou "Eu gosto de desafios".

Um ponto forte vago não ajuda muito – nem a você, nem ao entrevistador, nem ao seu chefe. Se você diz que gosta de trabalhar com pessoas, precisa especificar o tipo de relação que quer ter com elas. Você gosta de vender, prestar algum tipo de serviço, talvez ensinar, fazer algo para encantá-las ou inspirá-las? E, além disso, que pessoas são essas? Você gosta de trabalhar com *todo* tipo de gente ou apenas com um grupo específico? Gosta de lidar com clientes, pacientes, alunos, novos funcionários? Com pessoas que você não conhece ou apenas com quem conhece bem?

Para impulsionar sua vida e seu trabalho na direção dos seus pontos fortes, você precisa ser específico em relação às atividades em que eles se sobressaem.

Pode não ser fácil fazer isso, porque você cresceu acreditando – como todos nós – que seus pontos fortes estão relacionados com suas habilidades, ao passo que seus pontos fracos estão ligados a suas limitações. Mas logo vemos que isso é um mito. É claro que uma habilidade é um bom ponto de partida quando você começa a identificar seus pontos fortes, mas é apenas o início. Afinal, não existem certas coisas que você faz bem mas que o deixam entediado, esgotado ou frustrado? Exatamente porque você é capaz de cumprir essas tarefas com eficiência, as pessoas pedem que você as faça – aliás, elas passam a contar com você para isso.

Como você classifica esse tipo de atividade?

Conheci um sujeito que era um nadador fantástico, mas que tinha enxaquecas fortíssimas antes de cada competição. Tenho certeza de que você conhece pessoas assim: a jovem estrela do tênis incapaz de vibrar quando vence sua oponente; a criança que poderia ser uma solista mas que quase desmaia quando tem que cantar em público; o gênio da matemática que é capaz de resolver as equações mais complexas mas acha isso um tédio.

Como denominar isso? Algo para o qual você tem talento mas não sente nenhum entusiasmo ao fazer. Algo que exerce brilhantemente mas que não o preenche.

Isso se chama *ponto fraco*. Seu ponto fraco é qualquer atividade que faz você se sentir extenuado ao terminar de executá-la. Por mais bem-remunerado que você seja para realizar essa atividade ou por mais habilidoso que se mostre, se ela suga suas energias, seria insano construir uma carreira em torno disso.

Obviamente, o ponto forte é o oposto. Seu ponto forte é qualquer atividade que *faz você se sentir revigorado*. Para descobrir seus pontos fortes, você precisa olhar além de suas habilidades e prestar muita atenção no que sente antes, durante e depois de realizar uma atividade. Seus sentimentos lhe dirão quais são seus pontos fortes.

Se você se sente entusiasmado com a simples *expectativa* de fazer algo, pode ser que essa atividade seja um ponto forte.

Se você se sente totalmente concentrado, com a sensação de que o tempo passa depressa *durante* a atividade, isso pode indicar um ponto forte.

Se você se sente satisfeito *depois* de fazer determinada atividade, isso também é um indício de um ponto forte.

Quando digo satisfeito, não estou me referindo ao alívio por ter concluído a atividade ("Que bom que acabou!), e sim ao fato de se sentir realizado ("Nossa! Que sensação boa!"). Você pode estar cansado, mas não se sentirá extenuado. Suas energias estarão renovadas.

Seus pontos fortes são, especificamente, as atividades que *o deixam revigorado.*

Os quatro aspectos a seguir ajudam a lembrar o que pode indicar seus pontos fortes:

SUCESSO

Ser *bem-sucedido* numa atividade.

INSTINTO

Sentir-se *instintivamente* entusiasmado com a expectativa de fazer algo.

CRESCIMENTO

Ter facilidade para se concentrar durante a atividade – suas sinapses a mil por hora, seu cérebro literalmente *crescendo.*

NECESSIDADE

Sentir que a atividade, depois de concluída, preencheu uma *necessidade* sua.

PROCURE DESCOBRIR QUAIS SÃO SEUS VERDADEIROS PONTOS FORTES

Ninguém vai lhe dizer quais são os seus pontos fortes. A resposta está em você mesmo. Como vimos, é necessário que preste atenção em como se sente antes, durante e depois de fazer diversas atividades do dia a dia. Para isso, basta observar uma semana normal da sua vida.

Pegue um bloco de anotações e escreva no topo das primeiras 24 páginas o título "Adorei". Vire o bloco e escreva, no verso dessas páginas, o título "Detestei".

Leve esse bloco aonde você for, durante uma semana. Sempre que se sentir entusiasmado com alguma coisa, anote a atividade em uma página intitulada "Adorei".

Quando sentir que o tempo está passando rapidamente, pare e escreva numa dessas páginas o que você está fazendo.

Ao concluir uma atividade, se você se sentir empolgado e energizado, escreva o que acabou de realizar.

Não espere o fim do dia nem o fim da semana para tentar se lembrar do que fez. Você vai acabar tendo algo muito vago como: "Eu me senti bem trabalhando com outras pessoas." Ou: "Eu me senti bem quando encarei desafios." Você deve escrever durante a atividade exatamente o que está fazendo.

E não julgue o que está escrevendo, nem tente descrever a atividade de modo a fazer com que ela soe melhor. Apenas escreva o que está fazendo. Se você se sentiu estimulado enquanto assistia a um filme, anote isso. Se se sentiu gratificado depois de organizar por cores sua gaveta de meias, registre isso também. Se você se sentiu bem antes, durante ou depois de uma atividade, seja ela qual for, então a descreva numa das páginas "Adorei". (Deixe as páginas com o título "Detestei" para outra semana.)

Acima de tudo, certifique-se de anotar coisas que *você* fez, não que as pessoas fizeram para você. Por exemplo, não anote: "Eu me senti bem quando meu chefe me elogiou" ou "Eu me senti bem quando gostaram da minha ideia". Tenha certeza de registrar apenas as iniciativas que partiram de *você*, como: "Eu me senti bem quando convenci meu chefe a apoiar minha ideia" ou "Eu me senti bem quando encontrei as melhores tarifas de passagens para minhas férias".

Então, quando a semana terminar, leia suas anotações. Provavelmente você terá escrito em quinze ou vinte folhas. Leia cada uma delas atentamente. Essas atividades anotadas representam o melhor da semana, os pontos altos. Algumas não vão surpreendê-lo nem um pouco. Outras vão, como por exemplo: "Eu me senti bem quando ajudei meu amigo a pintar as paredes de seu apartamento." Mas, com certeza, ninguém teria escrito exatamente a mesma coisa que você. Suas quinze ou vinte folhas são um retrato seu, e refletem o melhor que você tem a oferecer. Elas representam a chave para os seus pontos fortes.

Releia tudo e determine a atividade na qual você se sentiu bem antes, durante e depois de executá-la.

Não faço a menor ideia do que você escreveu na folha, mas o que sei, com certeza, é que, ao lê-la, você não vai ter dificuldade de se lembrar do que se tratava. Em vez disso, vai se transportar imediatamente para aquele momento em que se sentiu compelido a buscar o bloco e escrever o que estava fazendo. Então, se por alguma razão você escreveu: "Eu me senti bem quando ajudei a pintar as paredes do apartamento do meu amigo", você vai se transportar para lá ao reler. Talvez sinta o cheiro da tinta, visualize os respingos na sua camiseta e ouça o arranhar da escada ao arrastá-la pelo chão. Essa é a sua vida. Essas são as suas emoções. Ao relembrá-las, cada sentido é novamente acionado e você volta àquele momento.

Para desvendar um ponto forte, use essa folha no intuito de pensar, com toda a clareza, em sua Frase de Força, que deve começar com as palavras "Eu me sinto forte quando..." e então continuar com a descrição da atividade em questão. Ela tem que ser específica o suficiente para lhe dar um impulso emocional ao lê-la, mas genérica o bastante para poder ser usada em várias situações. Voltando ao exemplo, obviamente você não vai precisar pintar o apartamento do seu amigo toda semana.

Seu objetivo deve ser escrever três Frases de Força. Você vai precisar delas para encontrar o emprego certo e para ser bem-sucedido nele. Por enquanto, tente escrever apenas uma, boa o suficiente para lhe dar coragem. Ela cria dentro de você emoções fortes, do mesmo tipo das que o inspiraram a escrever no bloco.

Você deve fazer assim:

Primeiro, *escolha um verbo*. Olhe para suas anotações. Continuando com o exemplo de pintar o apartamento do seu amigo, o que, exatamente, foi tão estimulante? Foi o fato de estar pintando? O verbo é pintar? "Eu me sinto forte quando estou *pintando*..." Você tem uma sensação agradável quando lê isso? Ou pintar foi irrelevante? Talvez não tenha sido pintar. Afinal, você tem outra folha na qual escreveu: "Eu me senti bem quando ajudei meu amigo a colocar os azulejos do banheiro."

Então talvez tenha sido o ato de ajudar. Aquilo que o estimulou foi o fato de que você estava *ajudando* seu amigo. Tente o seguinte: "Eu me sinto forte quando estou *ajudando*..." Isso lhe dá uma sensação agradável quando lê?

Acho que agora esse processo está ficando claro. Volte ao que escreveu e escolha o verbo mais significativo.

Em seguida, *busque* os detalhes. Digamos que você tenha escolhido o verbo *ajudar*. Agora se pergunte se faz diferença a quem você está ajudando. Talvez faça. Você não se sente forte ao ajudar qualquer pessoa, a qualquer momento, em qualquer lugar. É mais específico do que isso. É possível que você goste de ajudar pessoas com as quais se importa, em atividades que elas teriam dificuldade de realizar sem o seu auxílio. Se for o caso, sua Frase de Força deve ser: "Eu me sinto forte quando ajudo minha família e meus amigos em atividades que eles não conseguiriam realizar sozinhos."

Ou talvez você seja bom em trabalhos manuais de decoração e reforma doméstica e se entusiasme quando as pessoas (qualquer pessoa) lhe pedem para fazer algo que você domina. Se for o caso, sua Frase de Força deve ser: "Eu me sinto forte quando ajudo pessoas em atividades que domino."

Então releia o que você escreveu e agora busque os detalhes. Seja específico. O que foi tão especial que o levou a anotar essa atividade? O que é mais *importante* a respeito dessa atividade?

Pense por um momento e então tente escrever sua primeira Frase de Força:

"Eu me sinto forte quando..."

____

____

____

____

____

Por último, *sinta*. Leia a sua Frase de Força em voz alta. Ela deve lhe causar impacto. Foram emoções fortes que o levaram a escrevê-la; ao reler a frase, você deve sentir essas emoções novamente. Sua linguagem corporal muda e você começa a sorrir. Você se sente mais firme no seu ideal e começa a ansiar por fazer essa atividade de novo.

Se o resultado foi esse, você está no caminho certo.

Agora volte às suas folhas. Selecione mais duas atividades que se destacam. Então, para cada uma, escolha um verbo, busque os detalhes e escreva mais duas Frases de Força.

Essas três frases são o seu mapa. (Você pode anotá-las na página 52.) Elas lhe dizem em qual direção você deve seguir – e que tipo de emprego deve escolher.

Elas também mostram para os outros o tipo de pessoa que você é. Numa entrevista de emprego, por exemplo, quando lhe perguntarem quais são seus pontos fortes, você poderá oferecer três exemplos específicos, contundentes, e, como eles são absolutamente reais, você poderá abordá-los com segurança e energia. E será convincente, porque a sua descrição dos seus pontos fortes é precisa, expressiva e sincera.

As três frases podem ajudá-lo a reencontrar o foco e a achar um novo caminho quando surgir um obstáculo. Sem elas, você não teria um mapa e se perderia.

Elas podem ser usadas para fazer com que seu chefe o enxergue melhor, identificando seu "caminho de menor resistência" em direção ao desempenho que ele espera de você.

Vale lembrar que você não deve julgar o que escreveu nem tentar fazer a frase soar melhor.

A declaração mais estranha que já ouvi foi: "Eu me senti forte quando levei um soco na cara." Ela foi lida por um participante de um dos meus seminários. Era um sujeito comum: vestia um terno escuro e camisa abotoada até o pescoço, e tinha o notebook aberto sobre a mesa à sua frente. A única coisa de diferente nele era uma vermelhidão no olho esquerdo. Evidentemente, alguém tinha mesmo dado um soco na cara dele na última semana.

Mas lá estava ele, sentado com confiança, sorrindo, lendo sua anotação para nós: "Eu me senti forte quando levei um soco na cara."

– Você tem certeza? – perguntei.

– Sim – respondeu ele –, eu me senti ótimo quando isso aconteceu. E depois me senti realizado. Até agora, pensando a respeito disso, me sinto tão bem que chego a ficar arrepiado.

O auditório silenciou.

– Mas por quê? – insisti.

– Eu pratico artes marciais no meu tempo livre e, semana passada, durante um treino, um cara me acertou em cheio. Naquele momento aprendi que você nunca deve bloquear com a cabeça. Tinham me falado isso várias vezes, mas meu problema é que não consigo aprender quando me dizem alguma coisa. E também não consigo aprender anotando. Eu aprendo fazendo, por meio de tentativa e erro. Sabia mais ou menos que era assim que aprendia, mas quando aquele cara me deu um soco, foi como se as luzes se acendessem na minha cabeça. Entendi exatamente de que forma aprendo.

Então, a partir dessa anotação esquisita e depois de buscar os detalhes, surgiu a seguinte Frase de Força:

"Eu me sinto forte sempre que me coloco numa situação em que estou sendo pressionado e me forço a aprender o que preciso fazer para vencer."

Essa Frase de Força não vai ajudar você, mas com certeza vai ajudar o sujeito que a escreveu a se colocar nas situações certas, nas quais ele pode ser bem-sucedido.

A sua frase vai fazer o mesmo por você.

PRIMEIRA FRASE DE FORÇA

Eu me sinto forte quando...

____

____

____

____

____

____

SEGUNDA FRASE DE FORÇA

Eu me sinto forte quando...

____

____

____

____

____

____

TERCEIRA FRASE DE FORÇA

Eu me sinto forte quando...

____

____

____

____

____

____

CAPÍTULO 3

Quando se trata do seu trabalho, "O quê" triunfa diante do "Por quê" e do "Quem"

SEMPRE PERGUNTE: "VOU SER PAGO PARA FAZER O QUÊ?"

QUANDO SE TRATA DO SEU TRABALHO, "O QUÊ" TRIUNFA DIANTE DO "POR QUÊ" E DO "QUEM"

A lei da gravidade universal de Newton diz que tudo o que sobe desce.

A lei da computação de Moore diz que a potência dos processadores de computador dobra a cada 18 meses.

A lei de carreiras de Buckingham diz que, no fim, "O quê" sempre triunfa diante do "Por quê" e do "Quem".

As pessoas tendem a escolher um emprego com base no "Por quê": "Vou me unir aos Médicos sem Fronteiras porque quero ajudar os desfavorecidos", ou "Vou me tornar um político porque quero fazer a diferença", ou ainda "Vou ser corretor da Bolsa porque quero ganhar muito dinheiro".

Elas continuam num emprego por causa dos relacionamentos que constroem, em virtude de *quem* são seus colegas: "Eu gosto dos meus colegas. Eles já me conhecem, têm expectativas a meu respeito e não quero decepcioná-los."

Mas então, com o passar do tempo, elas começam a perceber que *o que* estão fazendo não é exatamente aquilo que gostam de fazer. Realizam o exercício de anotar as atividades no bloco e, apesar de gostarem do propósito do emprego e dos colegas, a semana acaba com poucas linhas nas páginas "Adorei". As tarefas que essas pessoas realizam no atual emprego não estão ligadas aos seus pontos fortes, e então elas pedem demissão.

Resumindo: as pessoas escolhem seus empregos pensando no "Por quê", permanecem neles por conta do "Quem" e, no fim, saem por estarem insatisfeitas com "O quê".

Leia, a seguir, alguns exemplos práticos da lei de Buckingham.

Uma mulher faz um curso para se tornar comissária de bordo porque gosta da ideia de viajar – o *porquê* da atividade a atrai. Ela é contratada por uma companhia aérea e permanece no emprego, pois, com o passar do tempo, torna-se amiga dos colegas – ela gosta das pessoas com *quem* trabalha. E então, aos 40 anos, enfim pede demissão ao perceber que se sente esgotada *pelo que* é realmente paga para fazer – tentar agradar passageiros mal-humorados.

Uma jovem se torna enfermeira por influência da mãe, que identifica na filha um perfil adequado para a profissão. A filha não quer decepcionar a mãe – esse é o *porquê*. Ela continua sendo enfermeira, pois se sente ligada aos profissionais da unidade neonatal em que trabalha. Os colegas se conhecem bem e confiam uns nos outros. Então, 10 anos depois, ela reconhece que as atividades de enfermagem – estancar sangramentos, verificar e administrar medicamentos, fazer anotações no prontuário de pacientes e repetir tudo isso, dia após dia, com um fluxo interminável de enfermos – a deixam muito entediada. Não lhe permitem criar nada. E é isso que ela sempre quis fazer: criar algo, especificamente para as pessoas comerem. Então, ela se matricula num curso noturno de culinária, obtém um diploma e consegue um emprego na cafeteria de um prédio de escritórios, deixando para trás a enfermagem. Finalmente, ela sente que está vivendo da maneira como sempre quis.

Uma professora de literatura não hesita em aceitar a oportunidade de assumir um comitê e desenvolver uma nova grade curricular para todas as escolas da região – o *porquê* é o fato de que a atividade vai valorizar o currículo dela, além de garantir uma remuneração mais alta. Ela continua no emprego porque é uma pessoa responsável e sente que seus colegas de equipe passaram a depender dela. Mas após três anos reavalia a situação: "Na verdade não quero desenvolver a grade curricular. O que eu quero mesmo é encontrar meus alunos de manhã, perguntar o que eles leram no fim de semana e depois discutir a leitura com eles em sala de aula. É disso que eu gosto." Depois desse insight, ela deixa o comitê e volta a lecionar.

Um jovem se candidata a um emprego como representante de vendas de uma indústria farmacêutica – ele sempre foi bom vendedor e sabe que esses profissionais podem ser bem-remunerados. Ele é contratado e permanece no emprego porque respeita seu chefe e faz amizade com muitos de seus clientes. Um dia ele percebe que um representante nunca tem a oportunidade de fechar uma venda. O máximo que pode fazer é impressionar os médicos o suficiente para que, no futuro, eles acabem receitando mais os remédios do laboratório que ele representa do que os dos seus concorrentes. "Sou um vendedor que nunca tem a oportunidade de vender", diz ele a si mesmo. Vender, realmente fechar um acordo, ouvir um "sim" ou dissuadir alguém de um "não", é o que ele quer fazer. Então resolve deixar o emprego e passa a trabalhar para uma empresa de equipamentos médicos. Agora ele sai dos consultórios com o pedido de compra em mãos.

Pode levar anos de confusão, frustração e boas intenções, mas no fim a lei de Buckingham prevalece. "O quê" sempre triunfa diante do "Por quê" e do "Quem".

Então faça a pergunta certa desde o começo.

SEMPRE PERGUNTE: "VOU SER PAGO PARA FAZER O QUÊ?"

É curioso: as empresas querem desempenho, mas no fundo não sabem dizer exatamente o que isso significa. Acesse um desses sites de emprego e leia os anúncios. Eles especificam o cargo, o salário, os benefícios e toda a experiência ou qualificações necessárias, mas raramente esclarecem, de maneira simples e direta, quais serão suas funções, ou seja, o que você vai ser pago para fazer.

Isso pode lhe causar grandes problemas. Se não tomar cuidado, você vai acabar procurando empregos ou aceitando cargos que não combinam com você.

O cargo "corretor de valores" é um bom exemplo. Muitas pessoas dizem que gostariam de ser corretoras. Afinal de contas, é um emprego conceituado e bem-remunerado. E as empresas são muito claras quanto às qualificações necessárias para se tornar um corretor de valores.

Mas você sabe exatamente o que um corretor de valores é pago para fazer? A função dele é ligar para até 200 desconhecidos por semana e pedir que eles disponibilizem uma quantia para ele administrar, fazendo investimentos. Desses 200, 199 vão dizer "não". O corretor deve persuadi-los até que cedam.

Pode ser que você ache esse trabalho interessante. Talvez deteste esse tipo de rejeição ou pode ser que isso o estimule. Mas é impossível chegar a uma conclusão sem saber *o que* um corretor de valores realmente faz.

Como a maioria dos anúncios de emprego não descreve muito bem o trabalho em si, cabe a você procurar esclarecimentos. Durante a entrevista de emprego, insista com aquele que poderá vir a ser seu chefe para que explique em que consiste o trabalho.

Não tente perguntar de forma indireta, como: "Quais resultados o senhor espera que eu produza?" ou "Como meu desempenho será avaliado?". Use exatamente estas palavras: "Vou ser pago para fazer o quê? Como vai ser a minha rotina? Quais serão minhas tarefas diárias?"

Então anote as respostas do chefe e reflita a respeito. Por mais que você goste da descrição do emprego, do cargo ou da remuneração, seu desempenho dependerá das tarefas que tiver que realizar no dia a dia. Você precisa saber o que vai fazer às 9 horas da manhã de uma segunda-feira qualquer, ou às 14 horas de uma quinta-feira. Esse é o emprego. Encare a realidade.

Depois relacione o emprego que lhe ofereceram com as suas três Frases de Força e pergunte a si mesmo:

1. **Eu consigo me ver executando essas atividades?**
2. **Como posso usar meus pontos fortes para conseguir realizar esse trabalho?**

E então tome sua decisão.

CAPÍTULO 4

Você nunca vai encontrar o emprego perfeito

TODA SEMANA, PELO RESTO DE SUA VIDA, FAÇA SEU PLANO DE FORÇA.

VOCÊ NUNCA VAI ENCONTRAR O EMPREGO PERFEITO

Pense na pessoa mais eficiente que você conhece. Alguém que não apenas é competente como também parece feliz no trabalho. Esse profissional está sempre ocupado, trabalhando duro, empenhado e é bem-sucedido. Todos querem trabalhar com ele, pois é quem sempre consegue os melhores projetos e tudo parece conspirar a seu favor.

Você olha para esse profissional e pensa: *Que sortudo! Como será que encontrou o emprego perfeito?*

Ao investigar um pouco mais, porém, você descobre que ele não encontrou esse emprego. Na verdade, ele o *construiu*. Ele pegou uma descrição de emprego qualquer – há milhares de exemplos na internet – e então, semana após semana, dedicou-se deliberadamente às atividades mais promissoras conforme o seu potencial e se distanciou das menos promissoras.

Ele insistiu até que a *melhor* parte do trabalho se tornasse a *maior* parte.

Aos poucos, reescreveu à sua maneira as exigências do seu emprego.

Você também deve fazer isso.

TODA SEMANA, PELO RESTO DE SUA VIDA, FAÇA SEU PLANO DE FORÇA

Até aqui você já descobriu quais são seus interesses. Já registrou suas três Frases de Força com base na sua rotina. E já sabe que precisa encontrar funções que combinem com seus pontos fortes.

Na entrevista de emprego, é capaz de descrever seus pontos fortes de forma expressiva, convincente e clara, e está pronto para conseguir o cargo que deseja.

Então, no primeiro dia de trabalho, ao iniciar seu treinamento, você recebe uma longa lista de tarefas a serem realizadas e resultados que devem ser alcançados. O começo não é fácil, e no decorrer das primeiras semanas seu cérebro está ocupado em aprender tudo o que for necessário para não cometer algum erro que possa levá-lo a ser demitido.

Passa-se um mês. Depois dois e três.

Você está começando a se sentir confortável na nova função, já pegou o ritmo e entendeu os macetes. É claro que ainda há muito que aprender, mas você já sabe o básico. Seu chefe o informou de suas responsabilidades e você vem correspondendo às expectativas.

E agora?

É possível que você tenha chegado à conclusão de que o emprego não lhe cai como uma luva. Há aspectos dos quais você gosta e outros que não lhe agradam. Alguém – um colega, seu chefe – vai lhe aconselhar a se conformar e continuar fazendo seu trabalho. Essa pessoa vai lembrá-lo de que você tem contas a pagar e que, se quiser ser promovido, terá que se dispor a fazer o que for preciso. Ela dirá que você precisa ser versátil.

Não dê ouvidos a ela.

Em vez disso, lembre-se da verdade nº 2: **Você vai se desenvolver mais nas áreas em que usa seus pontos fortes**. Você vai progredir mais, aprender mais, ser mais criativo, questionador e firme nas áreas em que já demonstrou vantagens inatas em relação às outras pessoas – seus pontos fortes.

Vivemos em um mundo competitivo. A sua maior contribuição, a mais duradoura, a mais extraordinária e memorável vai acontecer quando você descobrir em que ponto se destaca dos outros, e então insistir nisso.

É claro que seu emprego não corresponde exatamente ao que você esperava. Não existe emprego perfeito. Uma vez que você perceba isso, a melhor coisa a fazer é dar início a um processo gradual, semana após semana, para adequar seu trabalho ao que você tem de melhor. Portanto, para cada semana escreva um Plano de Força. Isso não vai tomar muito do seu tempo; talvez 10 ou 15 minutos, no máximo.

Eu sei que há muito a fazer no seu trabalho e que você tem um chefe exigente que cobra o cumprimento das metas. Mas com o passar do tempo você vai descobrir que tem a liberdade de, aos poucos, modificar sua função para que ela se encaixe melhor nos seus pontos fortes.

O Plano de Força consiste no seguinte: toda semana, você deve escolher fazer uma ou duas coisas para aproveitar seus pontos fortes. Por exemplo: na primeira semana, você procura uma forma de usar seus pontos fortes de modo a contribuir com a equipe e se voluntaria para um serviço extra. Na semana seguinte, nota que deixou passar uma oportunidade de usá-los para ajudar seus clientes e resolve agir enquanto é tempo. Na outra semana você lê um artigo sobre alguém como você que usou os pontos fortes para se destacar. Na seguinte experimenta uma técnica para tornar um de seus pontos fortes ainda mais poderoso. Na outra, convida um colega mais experiente para almoçar e lhe pergunta como ele trabalha. E na próxima você se matricula num curso que lhe ajudará a aprimorar um dos seus pontos fortes.

Não deixe que uma semana se passe sem que você tenha tentado tirar mais proveito de seus pontos fortes. E converse com o seu chefe no intuito de descobrir meios de contribuir para o sucesso da equipe. Você pode dizer: "Acho que sei uma forma de ser mais produtivo; então, se fosse possível..." Em algumas semanas ele não vai dar bola para suas ideias. Mas em muitas outras vai dizer: "Por que não? Vamos tentar e ver se ajuda a equipe. Vá em frente."

Aos poucos, com o passar das semanas, três mudanças irão acontecer.

Primeiro, seu trabalho vai mudar – a descrição do seu cargo parecerá se encaixar perfeitamente no seu perfil. Você vai começar a se *sentir* diferente e não apenas trabalhará com mais eficiência, mas também terá energia para enfrentar outras situações no seu emprego que o deixam entediado ou frustrado.

Em segundo lugar, você vai conquistar uma reputação favorável, o que levará as pessoas a comentar: "Ele tem iniciativa", "Sempre procura as melhores soluções" e "Tem um excelente desempenho".

Por fim, as pessoas vão olhar para você e pensar: *Que sortudo! Como será que encontrou o emprego perfeito?*

E você saberá a resposta. Você não o encontrou. Você o construiu. Um pouco a cada semana.

CAPÍTULO 5

Você nunca vai transformar seus pontos fracos em pontos fortes

RECONHEÇA SEUS PONTOS FRACOS E NEUTRALIZE-OS.

VOCÊ NUNCA VAI TRANSFORMAR SEUS PONTOS FRACOS EM PONTOS FORTES

O que você pode fazer em relação a todas as atividades que o deixam entediado, frustrado ou com as quais tem dificuldade? Ou seja: o que fazer com seus pontos fracos?

É claro que você não pode simplesmente ignorá-los e esperar que eles desapareçam. Esse é o pior caminho, que leva a uma péssima reputação, a um desempenho ruim, à falta de motivação e, por fim, ao desemprego.

Então o que você vai fazer com seus pontos fracos? Essa é uma questão que qualquer atleta de alto nível tem que enfrentar. O jogador de futebol David Beckham, por exemplo, não poderia passar a partida inteira cobrando faltas sem precisar, de vez em quando, dominar a bola e driblar alguns zagueiros. O golfista Tiger Woods é péssimo em saídas de banco de areia, mas não pode se livrar disso sempre.

Todo mundo tem pontos fracos. E todo mundo tem que lidar com eles.

Você se sente inseguro quando precisa apresentar relatórios de despesas ou um projeto novo?

Tem dificuldade para memorizar detalhes?

Não consegue trabalhar bem em equipe nem ser participativo em reuniões?

Não é do tipo que faz amizades facilmente?

Lamento dizer, mas a vida é assim. Você não é perfeito. Tem pontos fracos e, por mais que direcione suas atividades para seus pontos fortes, ainda assim vai ter que lidar, e de maneira eficiente, com as coisas que não faz tão bem quanto gostaria.

É irritante, mas seus colegas não serão compreensivos com seus pontos fracos. A sua limitação não é a mesma que a deles. E como eles não têm dificuldade com determinada tarefa, não conseguem entender por que você teria. Por exemplo, se eles gostam de apresentar novos projetos, nunca vão compreender por que você detesta fazer isso, e ainda vão dizer algo como: "Se você se esforçar e praticar pode transformar essa limitação numa vantagem."

Mas eles estão equivocados. Lembre-se da verdade nº 1: **À medida que você cresce, torna-se cada vez mais quem você já é**. Isso significa que aquilo que o enfraquece agora provavelmente vai enfraquecê-lo da mesma forma daqui a 20 anos. Se hoje você se sente desconfortável ao lidar com relatórios de despesas, apresentações, memorização, trabalho em equipe, reuniões ou com recrutamento de pessoas, provavelmente vai se sentir assim aos 90 anos.

Dito isso, o que fazer? Como se tornar bem-sucedido no emprego sem se desesperar na tentativa de transformar seus pontos fracos em pontos fortes?

RECONHEÇA SEUS PONTOS FRACOS E NEUTRALIZE-OS

Pegue novamente seu bloco de anotações e leve-o com você durante mais uma semana. Mas, dessa vez, não escreva nada nas páginas intituladas "Adorei" e se concentre apenas nas páginas "Detestei". Você deve começar as frases assim: "Eu me senti fraco quando..." Se, antes de começar alguma atividade, você perceber que preferiria que outra pessoa pudesse realizá-la, anote isso no seu bloco. Se tiver dificuldade em se concentrar numa tarefa e desejar que ela acabe logo, então escreva. Se, ao concluir determinado trabalho, você pensar "Graças a Deus, terminei. Tomara que nunca tenha que fazer isso de novo", anote isso também.

No final de uma semana, algumas páginas registrarão as coisas que você detestou fazer. Os psicólogos chamam essas atividades de "reação emocional negativa". As demais pessoas chamam de tédio, chatice, etc.

A partir de agora, você deve se referir a essas atividades como seus pontos fracos. Eles não são apenas aquilo que você não sabe realizar – pelo contrário, às vezes você até se sai muito bem. *Seus pontos fracos são as atividades que o enfraquecem.*

Para ter sucesso na vida, você precisa aceitar seus pontos fracos. Foi você mesmo quem anotou as atividades no bloco. Pode ser que preferisse não tê-las escrito, mas elas *já* estão lá. Os outros podem lhe dizer que você *deveria* gostar dessas atividades, ou que, para ser promovido, *precisa* gostar delas, mas você sabe a verdade. Carregou seu bloco durante vários dias, e não foi por acaso que essas tarefas acabaram registradas sob o título "Detestei".

Entenda seus pontos fracos da forma mais clara possível e eles nunca poderão derrubá-lo. Para isso, examine as folhas intituladas "Detestei" e faça exatamente o que fez com as intituladas "Adorei".

Folheie as páginas e selecione a que lhe causa a emoção negativa mais forte.

Então escolha o verbo-chave, busque os detalhes do que você estava fazendo na hora e escreva a sua primeira Frase de Fraqueza.

"Eu me sinto fraco (entediado, esgotado) quando..."

____

____

____

Releia a frase.

Ela não transmite uma sensação muito boa. Mas a frase está aí, foi retirada da sua própria rotina e escrita com a sua letra. Este é seu primeiro ponto fraco.

Lembre-se: assim como aconteceu com as suas Frases de Força, suas Frases de Fraqueza devem ser resultado de uma atividade que *você* fez.

Não adianta anotar sentimentos que você percebeu quando outras pessoas fizeram algo para você. Por exemplo, não escreva: "Eu me sinto fraco quando meus colegas me ignoram durante uma reunião." Neste exemplo, seus *colegas* estão realizando a atividade. É claro que ser ignorado não é uma sensação agradável, mas não é uma fraqueza sua. Você deve registrar algo que *você* fez e lhe causou o sentimento de fraqueza, tédio ou esgotamento. Assim: "Eu me sinto fraco quando tenho que trabalhar com um colega que se acha autossuficiente e não aceita colaboração." Essa é uma limitação a ser anotada porque foi uma atividade que *você* fez.

Por que enfatizo tanto isso? Porque, se o seu ponto fraco é algo que *você* faz, também é algo que *você* pode neutralizar.

Agora volte às suas folhas. Selecione mais duas atividades negativas que se destacam. Então, para cada uma, escolha um verbo, busque os detalhes e escreva duas outras Frases de Fraqueza.

PRIMEIRA FRASE DE FRAQUEZA

Eu me sinto fraco (entediado, esgotado) quando...

SEGUNDA FRASE DE FRAQUEZA

Eu me sinto fraco (entediado, esgotado) quando...

TERCEIRA FRASE DE FRAQUEZA

Eu me sinto fraco (entediado, esgotado) quando...

O que você vai fazer a respeito disso? Como irá lidar com seus pontos fracos? Bom, é pouco provável que os transforme em pontos fortes, mas você pode – e deve – fazer algo a respeito deles. Relaciono a seguir quatro táticas para neutralizar seus pontos fracos.

A – PARE DE REALIZAR AS ATIVIDADES NEGATIVAS

Em primeiro lugar, pare de fazer a atividade que você detesta e veja se alguém percebe. É a tática mais arriscada, mas vale a tentativa. As empresas têm grande facilidade em instituir atividades e grande dificuldade em pôr fim a elas. Um gerente estabelece seus próprios sistemas, reuniões e processos até que assume outro cargo e um novo gerente o substitui, passando a fazer as coisas à própria maneira. De alguma forma, porém, os antigos sistemas, reuniões e processos vão continuar, tal como aqueles satélites dos anos 1960 enviados ao espaço – úteis no passado, considerados lixo espacial atualmente, mas ainda orbitando acima da sua cabeça.

Algumas atividades que você anotou no seu bloco são como lixo espacial, deixaram de ter importância. Não estou afirmando que simplesmente parar de fazê-las vai funcionar sempre, mas não custa tentar.

B – ENCONTRE UM PARCEIRO

Procure um parceiro que se fortaleça fazendo as mesmas coisas que enfraquecem você. Ou seja: alguém que tem como pontos fortes o que você considera pontos fracos seus.

Há alguns anos o magnata Warren Buffett fez algo que chamou a atenção de todo o mundo: doou 31 bilhões de dólares para a Fundação Bill e Melinda Gates. Numa entrevista coletiva, um repórter perguntou a ele: "Por que o senhor fez isso? Por que doou toda essa fortuna para a instituição beneficente de outra pessoa?"

A resposta dele foi: "Porque caridade me deixa entediado."

Quem diria uma coisa dessas? Talvez isso já tenha passado pela cabeça de algumas pessoas, mas quem se expressaria nesses termos? É como dizer: "Enriquecer cada vez mais é divertido, mas ajudar crianças carentes mundo afora é um tédio."

Na verdade, ele não queria cuidar do trabalho que envolve ações de caridade.

Seria como confessar: "Eu não gosto de ser responsável pelo trabalho dos outros. Sei que devo querer ser gerente e receber promoções, mas simplesmente não gosto de ser responsável pelo que os outros fazem. O que me entusiasma é ser responsável pelo meu próprio trabalho."

Uma pessoa precisa ter autoconfiança e autoconhecimento para assumir quem ela realmente é.

Quando Buffett disse que caridade o entediava, não estava menosprezando esse tipo de trabalho. Ele estava dizendo algo muito mais inteligente: "Tenho tanto respeito pelo trabalho beneficente que reconheço o fato de que não posso ficar encarregado dele." Por isso, doou o dinheiro à Fundação Bill e Melinda Gates, pois tinha certeza de que eles fariam um trabalho infinitamente melhor que o dele.

Siga esse exemplo. Examine com atenção suas Frases de Fraqueza e avalie se há alguma pessoa ao seu redor a quem você pode se unir. Veja se há alguém que se fortalece fazendo a atividade que enfraquece você. Não porque você menospreze essa atividade, mas porque a respeita tanto que sabe que não é a pessoa mais indicada para executá-la.

C – APRIMORE SEUS PONTOS FORTES

Se você continuar aprimorando seus pontos fortes, eles vão se tornar tão poderosos que seus pontos fracos serão irrelevantes.

David Beckham fez isso. Ele desenvolveu tamanha força e precisão nos passes que não precisa mais driblar os zagueiros à sua frente. Ele torna o defensor irrelevante ao chutar a bola a uma distância de quase

50 metros para outro jogador do time, no lado oposto do campo.

O ponto forte de Tiger Woods não é tirar a bola de um banco de areia. A tática dele para superar isso foi treinar sua maior habilidade – a tacada – à exaustão e torná-la tão forte, confiável e precisa que ele raramente acerta um banco de areia.

No âmbito do seu trabalho, tenho certeza de que você é igualmente capaz de desenvolver ao máximo algum de seus pontos fortes no intuito de neutralizar uma limitação. Pense nisso.

D – ENCARE SUA LIMITAÇÃO USANDO UM DE SEUS PONTOS FORTES

Essa é uma estratégia muito eficaz. Rudolph Giuliani, ex-prefeito de Nova York, tinha uma limitação: a oratória. Sendo advogado, ele tinha facilidade para preparar processos contra criminosos e também era hábil em defender seus clientes no tribunal. Mas, na condição de prefeito, achava difícil subir à tribuna e fazer um discurso diante de uma grande plateia. Isso era um problema, porque o prefeito de Nova York tem que discursar com frequência.

Então ele tentou melhorar. Leu discursos de Winston Churchill, contratou um instrutor especializado e até entrou escondido em um teatro para praticar a oratória num palco de verdade. Por mais que tentasse, porém, a dificuldade persistia. Ele se mostrava tenso e artificial.

Até o dia em que, durante uma aula, tarde da noite, seu instrutor lhe perguntou:

– Quando você conversa com as pessoas, o que acha mais interessante?

– Eu adoro debater – respondeu Giuliani. – Gosto de responder a uma pergunta e defender meu ponto de vista.

O instrutor pensou por um momento e propôs o seguinte:

– Se você adora debater, então transforme cada discurso em um debate. Saia de trás do púlpito, deixe as suas anotações de lado, permita que a plateia faça perguntas, caminhe por onde todo mundo possa vê-lo e defenda seu ponto de vista. A partir de agora, pare de fazer discursos e comece a vencer debates.

Esse tem sido o estilo de fala de Giuliani desde então. Sempre que precisa discursar, ele faz alguns comentários na tribuna e então sai caminhando, respondendo a perguntas e defendendo sua posição. E se mostra à vontade, forte e seguro, exatamente como um líder deve ser. Giuliani confrontou uma limitação – discursos em público – e a encarou usando um de seus pontos fortes – debater. E então a neutralizou.

Vejamos, por exemplo, o caso do jogador de basquete Shaquille O'Neal. Ele tinha uma limitação no seu estilo de jogo: os lances livres. Depois que se graduou pela Universidade Estadual da Louisiana, entrou para o time Orlando Magic e sua equipe percebeu que, apesar de ele ser imbatível no garrafão, a porcentagem de acerto de seus lances livres estava muito aquém dos 50%. Então lhe disseram para treinar, porque a limitação dele estava prejudicando o time. Mostraram-lhe como segurar a bola de um jeito diferente e lançá-la com uma trajetória mais arqueada. Deveria encontrar um ritmo que lhe permitisse quicar a bola um determinado número de vezes antes de tentar cada lance.

Ele treinou e treinou. E, apesar de se tornar um jogador muito bom, sua porcentagem de acertos de lances livres não mudou muito.

Frustrado com o fato de que o Orlando Magic não estava vencendo muitos campeonatos, Shaq pediu sua transferência para o Los Angeles Lakers. Nesse time, ele teve a oportunidade de trabalhar com um dos melhores técnicos de basquete da história do esporte, Phil Jackson.

Jackson transformou completamente a rotina de treino de Shaq.

– A partir de agora – disse ele –, vamos treinar lances livres apenas uma hora por dia. O tempo restante será dedicado a aprimorar sua performance no garrafão e nas enterradas.

Shaq ficou confuso.

– Por quê? – perguntou ele. – Eu já sou um dos melhores pivôs da liga.

– Porque você tem potencial para ser o melhor pivô da história desse esporte – respondeu Jackson. – Mas não é. Ainda.

Então Shaq aperfeiçoou seu jogo como pivô, e os resultados foram extraordinários. Ele não apenas ganhou o prêmio de maior pontuador por três anos consecutivos, como também – o que é mais importante – levou o Los Angeles Lakers a conquistar o título da NBA nesses três anos.

Aliás, durante esse período, a porcentagem de acertos de lances livres de Shaq aumentou 20 pontos. Na verdade, ele deixou de ser péssimo e passou a ser apenas ruim; portanto, não se pode dizer que ele transformou seu ponto fraco num ponto forte. Assim como Giuliani ainda não é nenhum Churchill na hora de fazer um discurso para mudar o mundo. No entanto, fica claro que toda pessoa é ao mesmo tempo exímia em certas atividades e fraca em outras, e que uma das melhores maneiras de enfrentar uma limitação é se concentrar em um ponto forte.

UMA ÚLTIMA TÁTICA

Há uma última tática para lidar com a sua limitação. Se você tentou todas as outras e elas não funcionaram – se não consegue deixar de fazer a atividade, se não encontrou um colega em quem se apoiar, se não consegue aprimorar sua habilidade de modo a tornar a limitação irrelevante, nem é capaz de enfrentá-la usando um dos seus pontos fortes –, então só resta aceitar a limitação.

As pessoas mais bem-sucedidas se concentram nos seus pontos fortes a *maior* parte do tempo, não o tempo *todo*. Mesmo que você tente toda semana se dedicar aos seus pontos fortes, sempre haverá atividades no trabalho que você não anseia por realizar, que o entediam, o enfraquecem e que você espera nunca ter que repetir.

Se você for capaz de reduzir para 25% o tempo gasto usando seus pontos fracos no seu horário de trabalho – ou duas horas por dia –, haverá tempo de sobra para exercitar seus pontos fortes e mostrar ao mundo quão eficaz você pode ser.

Portanto, aceite a realidade. Reconheça que aquilo que o enfraquece é apenas uma parte do seu trabalho e dedique o restante do tempo a melhorar cada vez mais seu desempenho em atividades nas quais você tem uma vantagem absoluta e inata sobre os outros – os seus pontos fortes.

AVISO!

À medida que você buscar o caminho dos seus pontos fortes, vai encontrar várias pessoas dispostas a lhe dar conselhos. Alguns deles serão úteis, ao passo que outros podem ser bastante perigosos. Eles podem até soar bem e ser bem intencionados, mas provavelmente irão prejudicá-lo.

Veja a seguir cinco conselhos que nunca devem ser seguidos. Se você alguma vez receber algum deles, acene positivamente com a cabeça, sorria e então saia correndo, o mais rápido que puder, na direção oposta.

Os piores conselhos que alguém pode lhe dar

1. **Sempre trate os outros como você gostaria de ser tratado.**

2. **Num trabalho em equipe, tenha em mente que o importante é o grupo, não você.**

3. **Você deve tentar melhorar seus pontos fracos.**

4. **Faça um esforço para sair da sua zona de conforto.**

5. **Cuidado: seus pontos fortes podem se tornar seus pontos fracos.**

1. Sempre trate os outros como você gostaria de ser tratado.

Este conselho costuma ser chamado de Regra de Ouro.

Pois eu digo: quebre esta regra todos os dias.

Ela parte do princípio de que as outras pessoas gostariam de ser tratadas da maneira como você gostaria de ser tratado.

Na verdade, elas não querem isso. Querem ser tratadas do jeito que *elas* preferem. E esse jeito não necessariamente coincide com o seu.

Você quer saber como uma pessoa gosta de ser tratada? Peça para ver as três Frases de Força e de Fraqueza dela.

2. Num trabalho em equipe, tenha em mente que o importante é o grupo, não você.

Seu chefe vai lhe dizer isso quando estiver tentando fazer com que você perceba que o desempenho da equipe é mais importante que o seu desempenho individual. E que você deve colocar seus pontos fortes de lado e realizar o que for preciso para ajudar o grupo.

Isso não é verdade. Seus colegas de equipe precisam saber quais são seus pontos fortes para avaliarem de que forma você poderá contribuir numa situação difícil.

De fato, às vezes é preciso que você contribua com algo que não se encaixa perfeitamente nos seus pontos fortes. Mas, na maior parte do tempo, isso não será necessário. O fundamental é que você se conheça o suficiente para poder lhes dizer em que pontos poderão contar mais com você.

Lembre-se sempre: as melhores equipes não são formadas por integrantes "curingas" que desempenhariam bem todas as funções do grupo, pois cada um tem seus próprios pontos fortes. Em função disso, os melhores grupos atingem um equilíbrio justamente porque cada integrante complementa o outro em determinado aspecto.

3. Você deve tentar melhorar seus pontos fracos.

Não, você não deve.

Trabalhar para aprimorar seus pontos fracos vai desgastá-lo e, na melhor das hipóteses, levar a um aperfeiçoamento mínimo. Em vez disso, tente encarar seus pontos fracos como eles realmente são – "atividades que o deixam enfraquecido" – e a partir daí descobrir maneiras de lidar com essas limitações.

Seus pontos fracos não são "áreas a serem melhoradas" ou "áreas de oportunidade". Pelo contrário, são áreas de *menor* oportunidade. São a sua "kriptonita". Eles sugam a vitalidade dos seus pontos fortes. Então não trabalhe para aprimorá-los, mas descubra uma maneira de neutralizá-los. As pessoas mais bem-sucedidas fazem isso.

4. Faça um esforço para sair da sua zona de conforto.

Este conselho parece bom, porque é claro que você *deve* continuar aprendendo, crescendo e tendo novas experiências no decorrer da sua carreira. Mas a verdade é que esse tipo de orientação leva pessoas como o exímio jogador de basquete Michael Jordan a tentar jogar beisebol profissionalmente, sem sucesso.

Em vez de agir dessa forma, você deve se esforçar *no âmbito* da sua zona de conforto.

Seus pontos fortes são a sua zona de conforto. Você pode identificá-la se der uma olhada nas anotações que fez sobre as atividades que lhe dão força, nas quais você tem a maior *capacidade* de aprendizado e crescimento. Então, se você vai se esforçar – o que é positivo –, faça isso tentando expressar cada vez melhor os seus pontos fortes.

5. Cuidado: seus pontos fortes podem se tornar seus pontos fracos.

Este conselho é um grande equívoco. Seus pontos fortes não podem se tornar seus pontos fracos, porque o que lhe dá força não pode também enfraquecê-lo.

A questão aqui é que seus pontos fortes têm um valor neutro. Eles são uma força cega dentro de você, que pede para ser revelada. Seus pontos fortes podem ser expressos de forma produtiva ou não. Mas, de um jeito ou de outro, eles vêm à tona.

Uma amiga minha deixava a mãe preocupada porque todo domingo ela arrumava a despensa de forma que o rótulo de cada produto nas prateleiras ficasse voltado para fora. No início a mãe considerou essa preocupação excessiva com os detalhes um caso clássico de perfeccionismo, mas depois começou a achar que a filha sofria de transtorno obsessivo-compulsivo.

Talvez a situação acabasse se transformando em algo assim, caso a mãe se mostrasse cada vez mais preocupada, repreendesse a filha pelo comportamento e buscasse tratamento e medicação.

Mas não foi o que aconteceu. A mãe optou por encarar o perfeccionismo da filha como um ponto forte a ser canalizado, e não uma limitação a ser superada.

As duas conversaram a respeito da necessidade demonstrada pela filha de arrumar centenas de itens nas prateleiras da despensa toda semana. Juntas, procuraram entender esse ponto forte e encontrar maneiras produtivas de direcioná-lo.

Hoje a filha é enfermeira e administra a unidade de traumatologia do maior hospital do estado do Tennessee. Ali sua preocupação compulsiva com os detalhes não é uma limitação a ser superada, e sim uma vantagem que salva vidas.

Você deve fazer o mesmo com seus pontos fortes. Não deixe que ninguém lhe diga que eles são pontos fracos. Em vez disso, aprenda a identificar, assumir e canalizar seus pontos fortes para que todos possam se beneficiar deles.

Para reencontrar o rumo, lembre-se dos melhores conselhos:

1. **Desempenho é a palavra-chave**
   Não espere que sua empresa o conheça tão bem quanto você se conhece.

2. **Seus pontos fortes não dependem das suas habilidades, assim como seus pontos fracos não dependem das suas limitações**
   Procure descobrir quais são seus verdadeiros pontos fortes.

3. **Quando se trata do seu trabalho, "O quê" triunfa diante do "Por quê" e do "Quem"**
   Sempre pergunte: "Vou ser pago para fazer o quê?"

4. **Você nunca vai encontrar o emprego perfeito**
   Toda semana, pelo resto de sua vida, faça seu Plano de Força.

5. **Você nunca vai transformar seus pontos fracos em pontos fortes**

   Reconheça seus pontos fracos e neutralize-os.

Sobre o autor

MARCUS BUCKINGHAM

As ideias transformadoras de Marcus Buckingham deram início à revolução dos pontos fortes que mudou o mundo empresarial. Em sua empresa de treinamento e desenvolvimento, ele ensina gerentes a transformarem os pontos fortes de seus subordinados em desempenho máximo. Antes de criar a The Marcus Buckingham Company, Marcus passou quase duas décadas na Gallup, estudando o que tornava excepcional a performance dos melhores gerentes do mundo. Ele foi assunto de artigos nos periódicos *The Wall Street Journal*, *The New York Times* e *Fortune*, e atualmente trabalha com empresas como Facebook, Kohl's, Hilton, Microsoft e Walt Disney Company. Ex-membro do Conselho da Secretaria de Estado sobre Liderança e Gerenciamento, Marcus fez mestrado em ciências políticas e sociais pela Universidade de Cambridge.

CONHEÇA OUTROS TÍTULOS DO AUTOR

Destaque-se

Destaque-se é uma revolucionária ferramenta de avaliação dos seus talentos, resultado de pesquisas abrangentes, de estatísticas confiáveis e da análise dos melhores profissionais do mundo.

Para criar este sistema de avaliação, Marcus Buckingham e sua equipe examinaram centenas de pontos fortes e, a partir das combinações mais comuns e relevantes entre eles, delimitaram nove perfis significativos de comportamento no trabalho.

O teste – que você faz pela internet – verifica sua compatibilidade com esses perfis e revela os dois que mais representam seu estilo, oferecendo dicas, técnicas e ideias práticas para que você possa alcançar um excelente desempenho e tirar o maior proveito possível daquilo que o torna único.

Se você lidera uma equipe, incentive seus funcionários a fazerem a avaliação e depois discuta os resultados em grupo. Assim, você poderá conhecer melhor os talentos deles e também pensar nos perfis desejados para vagas em aberto. Quando aplicado a toda uma organização, o teste pode ter como objetivo possibilitar que os líderes repassem os procedimentos mais bem-sucedidos de determinada pessoa a outra que compartilhe o mesmo perfil.

DESCUBRA SEUS PONTOS FORTES

com Donald O. Clifton

Baseado em pesquisas feitas pela Gallup com mais de 2 milhões de pessoas, *Descubra seus pontos fortes* muda nossa maneira de pensar sobre o aprimoramento do próprio desempenho profissional.

Marcus Buckingham e Donald O. Clifton descobriram que a maioria das empresas dá pouca ou nenhuma atenção aos pontos fortes de seus funcionários. Preferem investir tempo e dinheiro na tarefa ingrata de corrigir suas fraquezas, achando que desse modo eles atingirão a excelência.

Por outro lado, a pesquisa revelou que os profissionais bem-sucedidos compartilham um segredo simples, mas poderoso: usam suas energias para aprimorar aquilo que fazem melhor, deixando seus pontos fracos em segundo plano. E, assim, tornam-se cada vez mais competentes, produtivos e felizes.

Para ajudar você a descobrir quais são e como aprimorar seus talentos e os de seus colaboradores, esse livro traz um programa completo em torno do teste *Descubra a Fonte de seus Pontos For-*

tes, que você também poderá fazer pela internet para descobrir seus cinco talentos dominantes.

Após 25 anos de pesquisas e do investimento de muitos milhões de dólares, a Gallup preparou esse teste com o objetivo de classificar o potencial humano em 34 áreas de atuação e produzir resultados mensuráveis que vão fazer você se conhecer melhor e desenvolver suas habilidades.

Quebre todas as regras

com Curt Coffman

No mercado competitivo de hoje, as empresas fazem de tudo para encontrar e manter os funcionários mais competentes, recorrendo a incentivos como gratificações, promoções e treinamento. Mas enquanto elas não reconhecerem que os maiores responsáveis por atrair pessoas talentosas são os grandes gerentes, seus esforços continuarão errando o alvo.

Os melhores gerentes do mundo são revolucionários. Eles discordam do que diz o senso comum sobre a gestão de pessoas. Não acreditam que basta dar treinamento a um funcionário para que ele consiga alcançar a excelência. Não procuram ajudar os subordinados a superar seus pontos fracos. E desprezam o princípio de que devemos tratar os outros como gostaríamos de ser tratados. Neste livro, você vai entender por quê.

Os pesquisadores Marcus Buckingham e Curt Coffman analisaram estudos feitos pela Gallup com mais de 1 milhão de pessoas ao longo de 25 anos e descobriram que, apesar das diferenças de estilo, o denominador comum aos grandes gerentes é quebrar todas as regras para transformar os pontos fortes de seu pessoal em ótimo desempenho.

Em *Quebre todas as regras*, os autores oferecem a percepção desses profissionais sobre a natureza do talento e suas lições para cultivar relacionamentos saudáveis com seus subordinados. Eles não apresentam uma fórmula pronta nem querem forçar ninguém a mudar de estilo. "O verdadeiro desafio consiste no modo como você poderá incorporar esses insights a seu estilo, um funcionário por vez, todos os dias", dizem eles.

INFORMAÇÕES SOBRE OS PRÓXIMOS LANÇAMENTOS

Para saber mais sobre os títulos e autores
da EDITORA SEXTANTE,
visite o site www.sextante.com.br,
curta a página facebook.com/esextante
e siga @sextante no Twitter.
Além de informações sobre os próximos lançamentos,
você terá acesso a conteúdos exclusivos e poderá participar
de promoções e sorteios.

Se quiser receber informações por e-mail,
basta cadastrar-se diretamente no nosso site
ou enviar uma mensagem para
atendimento@esextante.com.br

www.sextante.com.br

facebook.com/esextante

twitter: @sextante

Editora Sextante
Rua Voluntários da Pátria, 45 / 1.404 – Botafogo
Rio de Janeiro – RJ – 22270-000 – Brasil
Telefone: (21) 2538-4100 – Fax: (21) 2286-9244
E-mail: atendimento@esextante.com.br